내가 토끼였을 때

이지선

나는 안개 속으로 고요히 걸어 들어갔다
그 속에서 빛나는 눈동자가 궁금하여

검은 산 아래 가득히 숨어 있던

붉고 푸르스름한 빗방울 같은 보석들

호연지기
17C
동화백자 복숭아연적 18
15 31.4
15 30.6
청화백자 팔보문 표형병
21.1 18C
19中

Holly가 [illegible] 내려오는 꽃이
있아 [illegible] 이야기를 [illegible]. 그리고 그녀 [illegible]
[illegible]. [illegible] 꼬박
[illegible] 그것들 조금씩 [illegible].
[illegible] 또 새로운 [illegible]. 그래서 [illegible] 더
[illegible] 내려가는 [illegible], [illegible]
[illegible]. [illegible] 다 [illegible] 된다.
[illegible]
[illegible]
[illegible]
[illegible]. I stuck into computer.
[illegible] while christmas
[illegible] I only watched film especially Boro
an [illegible] OUR's Happy time,
The guy of King again and Madonna
super, what [illegible] almost forgot one
of film and went to Duke of
York to see Wisard of oz, Brief
encounter, London to Brighton
As I couldn't sleep last night.

'The perfect man has no self; The spiritual man has no merit; the holy man has no fame.'
<The Book of CHUANG TZU> Martin palmer with Elizabeth breuilly
Jasper suggested to see this book.

'How can I know that what I say I know is not actually what I don't know? Likewise, how can I know that what I think I don't know is not really what I do know.'
If someone sleeps in a damp place, he will ache all over and he will be half paralysed, but is it the same for an eel? If someone climbs a tree, he will be frightened and shaking, but is it so for a monkey? out of these three, which is wisest about where to live? Monkeys mate with the each other deer go with deer. people said someone the most beautiful women in the world, but fish seeing them dived away, birds took off into the [illegible] and deer ran off. of these four, who really knows true beauty? As I see it, benevolence & righteousness, also the ways of right and wrong, are completely interwoven. I do not think I can know difference them!'

[illegible]
[illegible] 혼자 있는게 좋아. 순간을 누군가 [illegible]
[illegible] 당장 [illegible] 오밤중에도 번쩍나 [illegible] 엄마가 [illegible]
[illegible] 엄마가 [illegible] 찾아나라 [illegible]
[illegible]지만, [illegible] 그저 [illegible] 게 같아. 그리고 다음날이면 [illegible] 감성이 [illegible] 부끄러워지거든.
[illegible] 줄은 [illegible] 동생에게 [illegible]. [illegible] 그리고 [illegible]
[illegible] 머리곰. [illegible]. 그리고 [illegible]
[illegible]. 우는 [illegible] 엄마에게 또 [illegible] 전화가 [illegible]
[illegible]
가족은, 그 가족들은 [illegible]
어린때도 [illegible] 가족 [illegible]
그래도 엄마 [illegible]
[illegible]

talking
with
hair brush.
빗에게 말걸하기

그것만이 가장 특별해 보일 때가 있다

깨고 나서 아쉬워 다시 꾸는 꿈처럼
꿈속의 꿈에선 누구와도 함께했지
누구라도 엄마였고
누구라도 이해했던

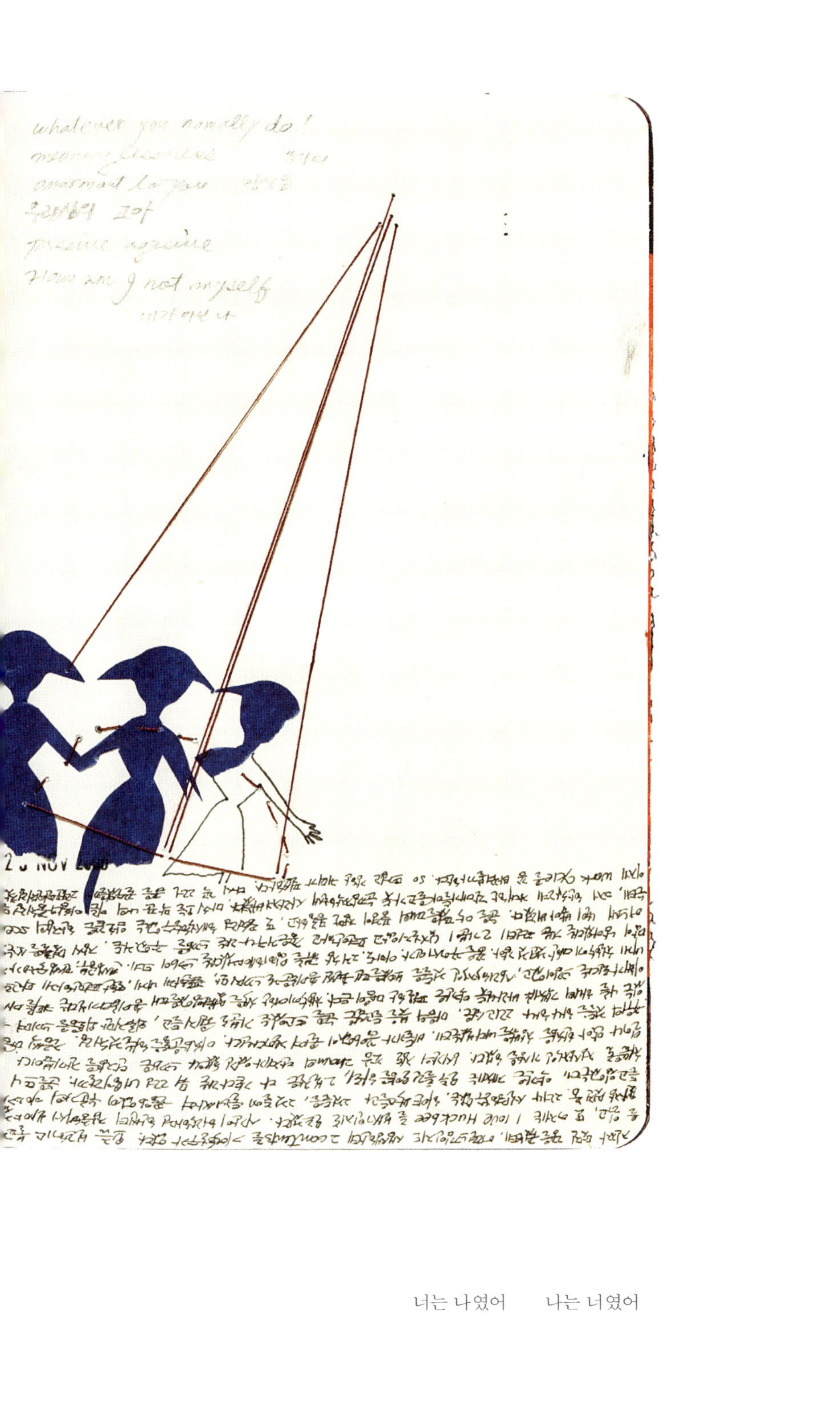

너는 나였어　　나는 너였어

she's from ballon
죽었는데 살아있는 거 같은것.
그건 뭐냐.
worm
→ spagetti
snowman
Bat
cats
그럴수도 있겠지. 그럴수도 있겠지. 생각만해도 눈물이 날것 같은 영화가 있다. 바보처럼.
Lonely (AKON)
sub title
Broken dreams - Basement Jaxx
Bittersweet symphony
SunnyRoad / ALI TAY
pioneers: BLOC PAR
-MINIVEGAS
JAMIROQUAI - J K
Human: CARPARK NO
-DENMARK/2005)
MARTIN DE THURAH
The old crocodile
Koji Yamamura
A Bus Ride & flowers
her hair
The corridor
Fog - Emilio Ramos
The Last Knit
cracks catch up with
Daniel Levi
Chocolatechip cookie Murder
Igor Kovalyou / Milch
Birdcalls - Malcolm Sutherland
The memories of Dogs
- Simone Massi
The Regulator - Philippe Grammaticopoulos
A Backbone Tale
my love / Dying of Love
Tragic story with happy ending
- Regina pessoa
The fish heads Fugue and other tales for twilight.
- Lauren Indovina
JAN Svankmajer
ET CETERA
Fallen ART
[song] "sleep, conjure one
3 Feathers and a rainworm
start easy → death.
the Mysterious Geographic Explorations of Jasper

11 DEC
· something not very clear
· unknown
· what is that / the first question
· look like rabbit or dog or racoon ?

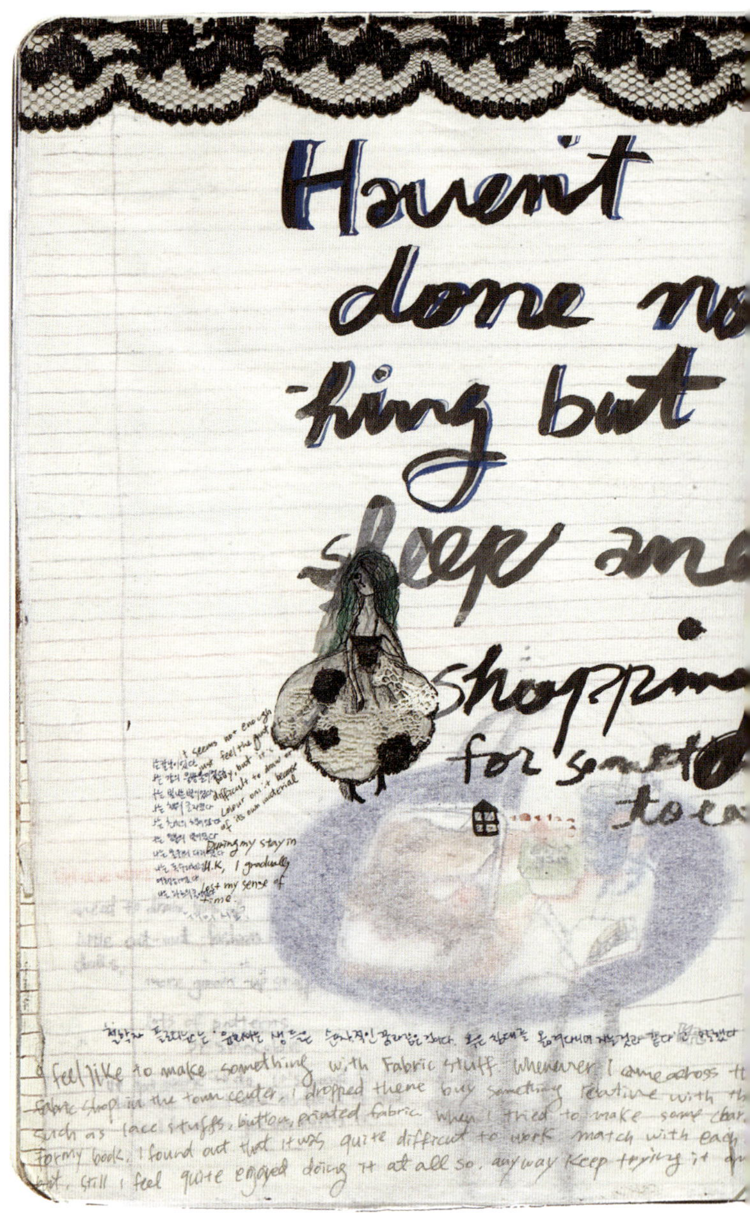

어릴 때 백작 아저씨의 수염은
왜 푸른색일까 곰곰이 생각해 보았다

이상한 음식을 먹었거나 동물들의
나쁜 친구일 거라는 생각이 들었다

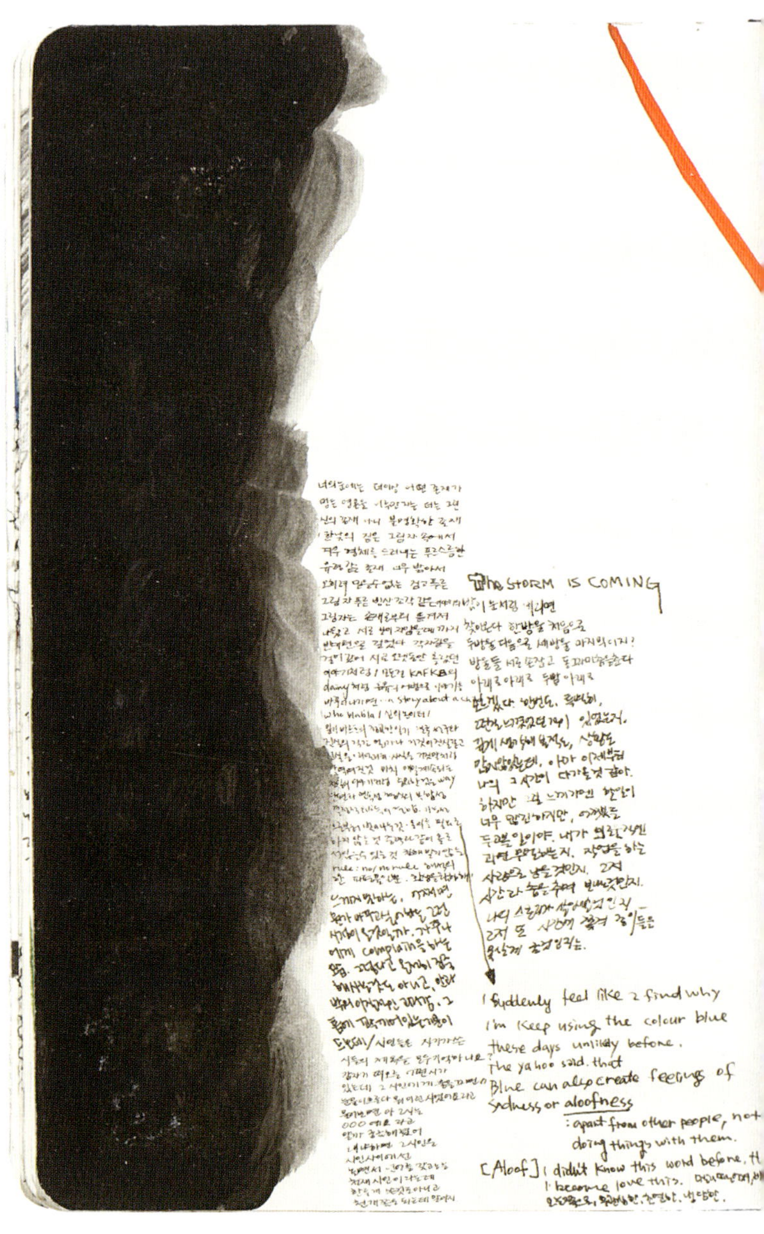

꿈에서 앨리스가 되어
비밀의 방을 찾아 돌아다녔다
귀를 축 늘어뜨린 작고 마른
토끼가 걸어 나왔다

하지만 아무리 까치발을 해도
푸른 수염의 얼굴은 볼 수 없었고
겹겹의 안개만이 흐르고 있었다

수염들은 실타래처럼 끊어지고 엷어지더니
안개가 되어 서서히 걷히기 시작했다

누구도 물을 길어 오지 않았기에
우물은 완전히 그녀의 차지가 되었다
여자의 나무는 잘 자랐다

가령 다시 살릴 수 있는 것이 있다면

바늘 아래 떨고 있던 투명한 나비
번뜩이는 칼날 앞에 울고 있는 포도알

I want everything new, new, new,
new character, new conposition, new imagenation
still chacing by the time and date, fut defenately I
want to read you fastard time, time, time.

은빛 옷장에 갇혀 있던 하얀 개
비바람에 소리치던 조각난 거미줄

버려지고 떨고 있는
망가지고 젖어 있는
주인 잃고 앙상해진
우산 하나 우산 둘

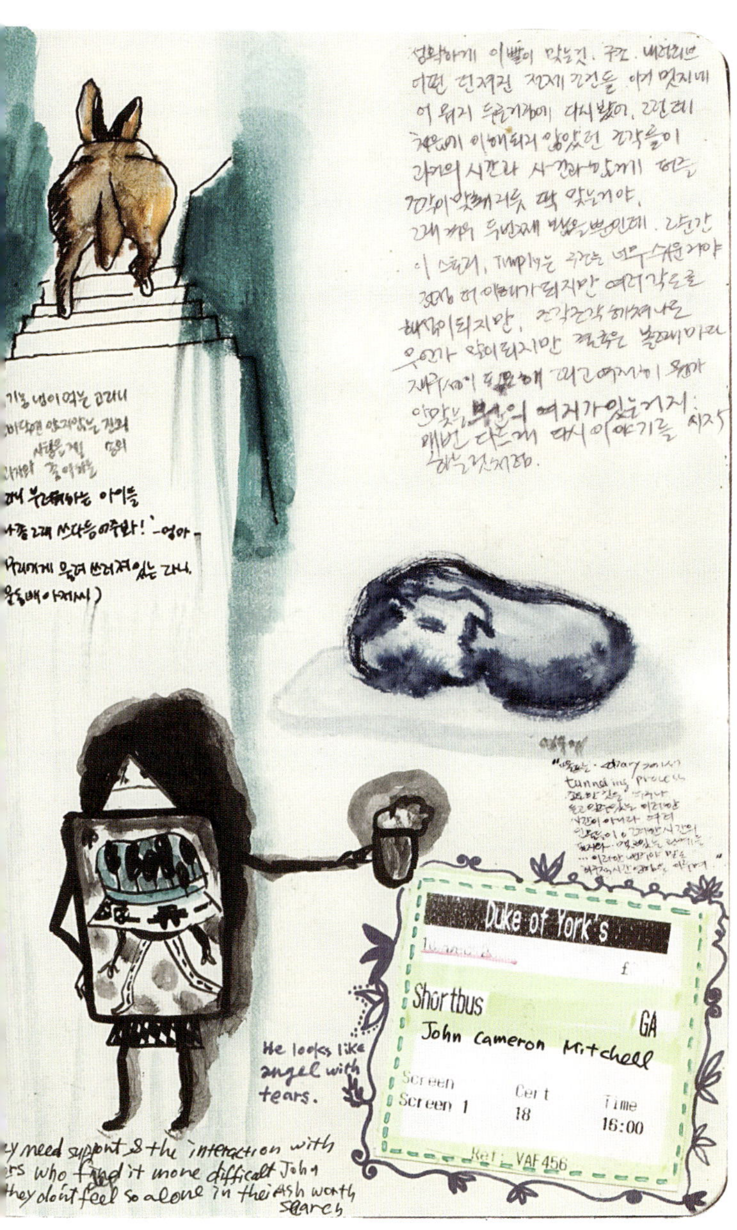

주인을 기다려요
여기 있어요

주전자가 우니까 컵이 울었어
꽃이 따라 우니까 달팽이도 울어

고양이가 울어서 나도 눈물이 났어
웃으면서 서로 눈물을 닦아 줬어

People love organic food even chocolate,
MILK
GREEN & BLACK'S
ORGANIC
Paul ERIK TØNER
MUNCH
In His own WORDS
Prestel
I didn't really
I came here U.K
So much love
getting obsse
to tap when
see you in
a street

Today, I went to town center, hanging around
vintage shops, bookstore, and some food shop.
didnt go to life drawing workshop again just
because of wakeup late. It seems getting
worse of my routine life cycle.
Dont be so naughty girl!

토끼에게 길을 물어봐
묻는 자만이 배우는 법이지
그렇게 움켜쥐지 마

비단 같은 귀는
쫑긋대고 팔랑이며
너의 말을 듣고 있잖아

getting thiner

done this my second year. just so print in a hidden file under bed.

검은 조련사는 너를 훔쳤고
한 뼘 땅에 갇혀
너의 여름은 불태워지고
잘려 나갔다

너는 매일 생각했다
처음 자신을 향해 웃어 준
작은 소년의 맹세를

죽지 마

아프지 마

생명이 다하는 날까지 내가 지켜 줄게

너무도 쉽게 잊어버린 그 맹세를

죽었다
여름밤
시계가 죽었다

밤은 작아지고 더 작아지더니 달아나 버렸다

지금 빨강

하얗게 태어나서　　하양은 사라지고

하양은 물들고

지금은 빠알간

빨갛게 흐르는 물컹이는 조약돌

아빠의 목소리가 울렸다
오늘 구름 차암 멋지네
곧 비 오겠다

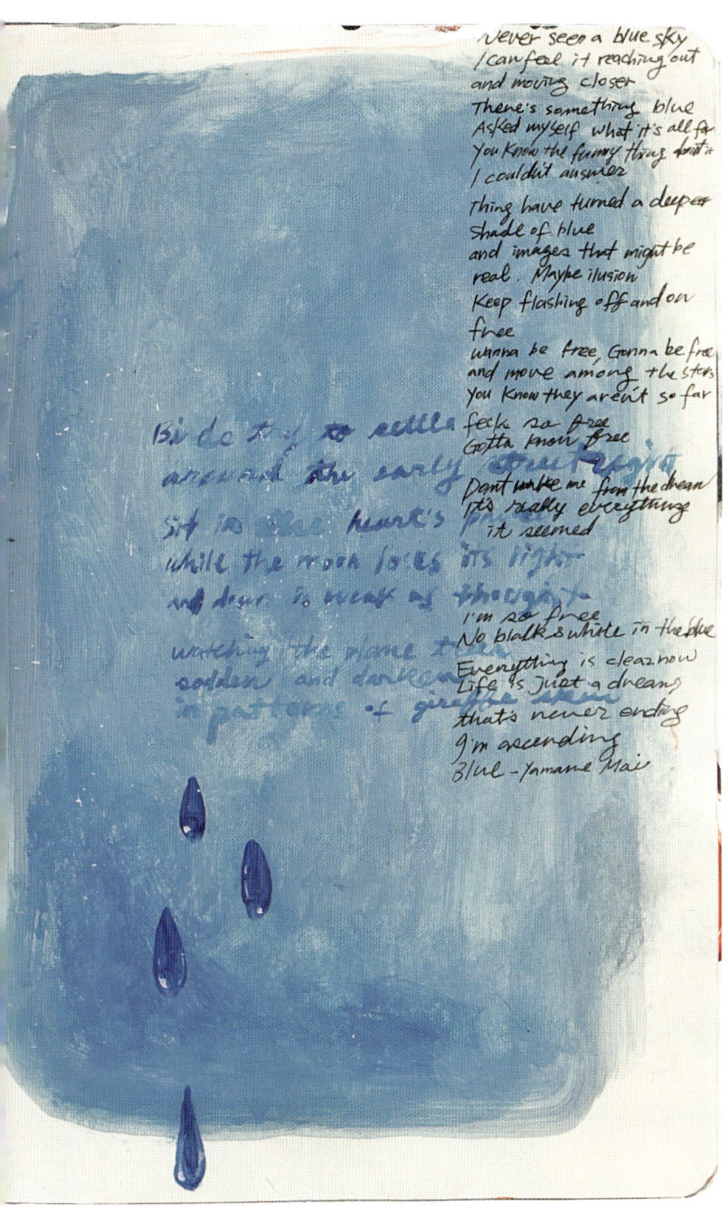

비 올 듯한 하늘을 보면

그날의 목소리 들려온다

잘 지내나요
문 밖에 서 있던
까마귀 할멈이 안부를 묻는다

말은 그저 꼬리를
흔드는 것으로
감사 인사를 대신했다

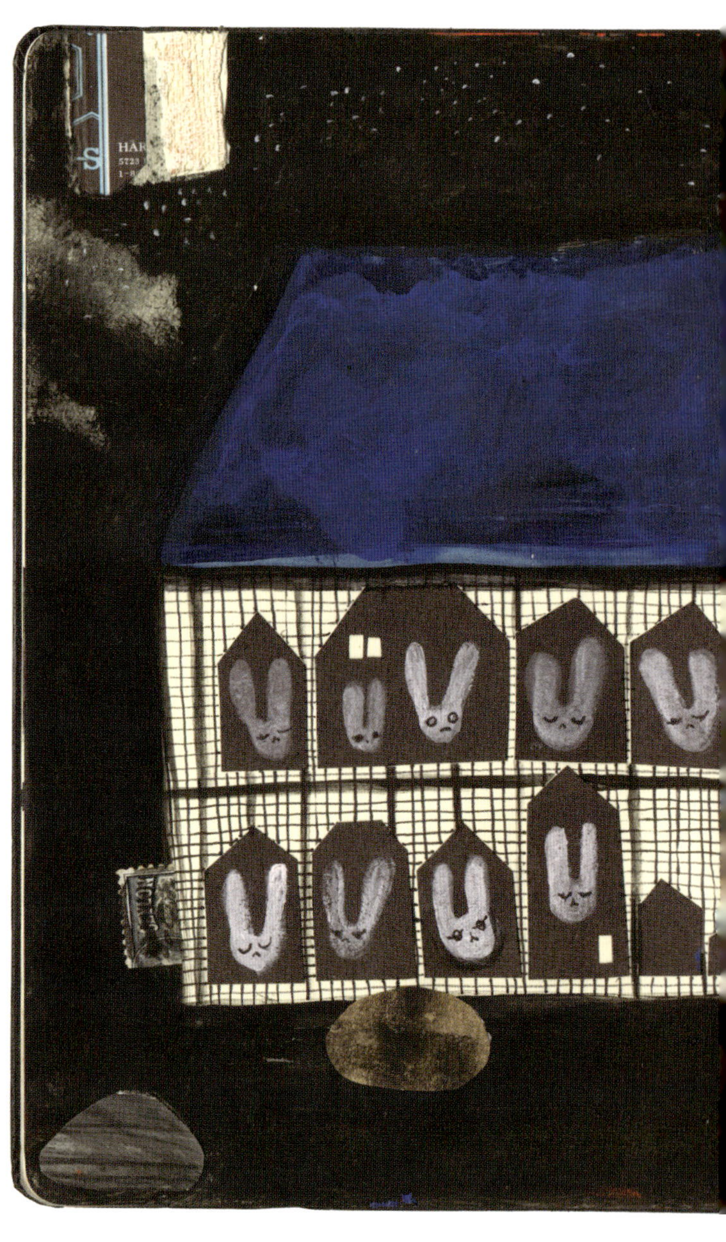

똑같은 토끼는 없다
뛰어 본 적 없는 날쌘 뒷다리
씹어 본 적 없는 크고 하얀 이
살아 본 적 없는 바람 부는 언덕

그것만이 가장 특별해 보일 때가 있었다

잊는 법이 없다　　사라지는 법이 없다　　죽는 법이 없다

주름을 펼치면 모든 것이 되돌아온다

목련꽃 침실　　금이 간 검은 새　　야윈 종이 봉지

나는 늑대였다가 바람이었다

숲에서 잃어버린 아빠였고

삼만 구천 밤의 종소리였다

달 표면을 통과하는 베타파였고

꿈에서 본 노인이었다

나는 희디흰 토끼

단 하나 우연한 일은 없다

오랫동안 함께하고
마지막 순간까지
지켜 주었던 존재가
단 한 번이라도 있었나

야가
그대로

행복했을까
더 사랑했으면
더 많이 아팠으면
끝까지 지켜 줬더라면

행복하지 않아도 좋다
그랬더라면
그랬었더라면

너는 나 나는 너

ar wolf ghost wind

안녕! 늑대, 까마귀, 솔방울들
안녕! 너구리, 도토리, 동박새야
혹독한 추위 잘 피하고
겨우내 안녕하길

안녕?
늑대
유령
바람아…

오늘도

안녕

너는 안개 속에서 흰 손을 내민다

마치 꿈인 것처럼

오랜 거짓말처럼

이 이야기는 누구도 묻지 않은 질문에 대한 대답이며 세계를 이해하는 단서가 되었던 혼돈의 흔적들입니다. 또한 이 순간을 깊이 포착하고자 천천히 들이마시는 호흡이며 반복해서 헤매지 않기 위한 기도이기도 합니다.

삶에 있어 하찮게 여겨지는 대상들을, 매 순간의 풍경과 고정된 사물들을, 하나의 가설적인 결합으로 끌어들여 적극적으로 이야기의 내적 구조를 배회하고 교차시키는 시도로서의 얽힌 방식입니다. 새로운 관점을 탐색하는 과정에서 자신의 의식과 밀접하게 연결되어 있는 세계를 찾고 본질적인 관점에 대해 스스로에게 질문하는 시간입니다. 지극히 개인적인 경험과 사유에서 시작하여 파편화되고 불연속적인 구조가 어떻게 그림책으로 넘어가는가 하는 실천적 방식 중의 하나입니다.
균일화된 형식과 의미에서 벗어나 내부 서사와 틀의 경계를 지우는 시도입니다. 그것이 그림책이든 이야기이든 상관없을지라도 말입니다. 복잡하게 연결된 실재와 허구의 우열을 가리지 못하며, 꿈속 파편들처럼 낯선 환상을 마주할 때 시간은 보잘것없는 현상으로부터 벗어나 새로운 가치로 확장해 갈 것입니다. 그리하여 다시 삶 속에서 변동성을 가지는 동시에 현재를 비추는 인식의 요소로 자라날 것이라 믿습니다.
보이는 세계는 보이지 않는 세계로부터 온 것임을 이해하고 표현하는 것에 지속적인 관심을 두고 있습니다.

내가 토끼였을 때 ⓒ 이지선, 2019
초판 1쇄 발행 2019년 11월 29일
지은이 이지선
책임 편집 박은덕
디자인 장승아
펴낸이 권종택
펴낸곳 (주)보림출판사
출판등록 제406-2003-049호
주소 10881 경기도 파주시 광인사길 88 (문발동)
전화 031-955-3456
팩스 031-955-3500
홈페이지 www.borimpress.com
ISBN 978-89-433-1251-0 77810

이 도서는 한국출판문화산업진흥원의
'2019년 우수출판콘텐츠 제작 지원' 사업 선정작입니다.